MÉMOIRES

SUR L'INSTRUCTION

DES

SOURDS-MUETS.

PREMIER MÉMOIRE,

Qui a été lu dans la séance publique de l'Académie royale des sciences, arts et belles-lettres de la ville de Caen, le jeudi 27 avril 1820, par M. l'abbé Jamet, membre de la même académie, et de celle de Rouen, recteur de l'académie de Caen, chanoine de Bayeux, et instituteur de sourds-muets.

SECONDE ÉDITION.

CAEN,
DE L'IMPRIMERIE DE F. POISSON, RUE FROIDE.

1824.

PREMIER MÉMOIRE

SUR L'INSTRUCTION

DES SOURDS-MUETS.

Messieurs,

J'ai pris l'engagement de faire des recherches sur l'art d'instruire les Sourds-Muets. Cette tâche m'est bien douce à remplir. Ces infortunés sont chers à mon cœur, et l'intérêt qu'ils m'inspirent, ne me permet point d'être insensible à tout ce qui les concerne. Mais si j'ouvre l'histoire, si j'en parcours les fastes, à peine, dans ses dernières époques, s'offre-t-il à mes regards quelques faits isolés, que la main d'aucun homme n'a encore recueillis, et qui, ne se rattachant point les uns aux autres, ne peuvent me guider dans mes recherches.

Il paroît que cet art ne remonte pas à une époque très-reculée. Du moins ce qui en est parvenu jusqu'à nous, n'est pas d'une date fort ancienne. Sans doute bien des siècles se sont écoulés, avant que l'on ait songé à procurer, à cette classe malheureuse, des secours qu'elle ne peut, comme nous, acquérir en conversant avec les hommes. La nature sembloit les avoir condamnés à ne goûter jamais les douceurs de la société. Le monde leur étoit étranger, comme ils étoient étrangers au monde. On dit même que, parmi certains peuples de l'antiquité, on leur ôtoit la vie aussitôt qu'ils étoient parvenus à un âge où l'on pouvoit s'assurer qu'ils étoient privés pour toujours, des organes de l'ouïe et de la parole.

L'histoire moderne, il est vrai, fait mention de quelques savans, qui avoient tenté de faire parler les Sourds-Muets. Mais il ne nous reste aucune tradition de leurs procédés. Tous leurs efforts sont perdus pour nous. A peine connoissons-nous les noms de quelques-uns de ces savans. C'est ainsi qu'on nous parle d'un père Ponce, religieux espagnol, sans nous dire autre chose, sinon qu'il apprenoit aux Sourds-Muets à parler, et qu'il mourut en 1584.

Le premier qui ait écrit sur cette intéressante matière, est M. Bonnet. Car je ne parle point d'un certain *Affinate*, italien d'origine, auquel on attribue un ouvrage fort médiocre et presque ignoré, qui fut imprimé en 1606. M. Bonnet fit l'éducation d'un jeune prince, frère du connétable de Castille, devenu sourd-muet à l'âge de quatre ans. Ce savant espagnol a consigné sa méthode dans un ouvrage estimable qui parut en 1620, sous le titre de : *Arte para enseñar los Mudos Hablar :* l'Art de faire parler les Sourds-Muets. L'Académie de Madrid fit, de cet ouvrage, l'éloge le plus flatteur.

Si l'on en croit M. Bonnet, le prince qui avoit reçu ses leçons, prononçoit distinctement la langue espagnole, lisoit la parole sur les traits du visage de ceux qui lui parloient, et conversoit facilement avec eux.

Environ cinquante ans après M. Bonnet, c'est-à-dire, vers l'an 1655 ou 1660, on vit paroître en Angleterre plusieurs ouvrages, où l'on retrouvoit sa méthode. Un ambassadeur de ce royaume près la cour de Madrid, avoit assisté aux leçons de M. Bonnet, et, frappé de ses succès, il les publia dans sa patrie. Plusieurs instituteurs essayèrent leurs talens, et dans l'espace de 7 ou 8 années, MM. Wally, Digby, Wallis et Burnet, firent imprimer leurs Méthodes, et proclamèrent les noms des Sourds-Muets auxquels ils avoient donné la parole.

M. Wallis surtout se distingua parmi ses émules, et les effaça bientôt. C'étoit un savant qui rendit son nom célèbre par un grand nombre de découvertes utiles dans la physique. Il résolut les problêmes que Paschal avoit proposés sur la Cicloïde, et fut un des premiers membres de la Société royale de Londres, à l'établissement de laquelle il avoit beaucoup contribué.

Vers la fin du XVIIe. siècle, Pierre de Castro, premier médecin du duc de Mantoue, instruisoit le fils du prince Thomas de Savoie.

Emmanuel Ramirez, né à Cortone, donnoit des leçons à une jeune fille sourde-muette, dans la Biscaye.

Mais le plus célèbre de tous ces instituteurs fut Conrad Amman. Né dans la Suisse, il alla fixer sa demeure à Amsterdam, où il professa la médecine jusqu'à sa mort, qui arriva vers le commencement du dernier siècle. Cette science fut pour lui un moyen de se rendre utile aux infortunés Sourds-Muets. Il essaya de leur apprendre à parler, médita profondément sur les moyens qui pouvoient le conduire à cet heureux résultat , et obtint , dit-on , des succès étonnans. On assure qu'une de ses élèves, jeune demoiselle de la ville de Harlem, parloit assez bien les langues latine et hollandaise, et qu'elle soutenoit des thèses dans ces deux langues.

Nous avons de lui deux ouvrages imprimés, l'un à Harlem, en 1692, sous le titre de *Surdus Loquens*; l'autre en 1700, à Amsterdam. Celui-ci a pour titre : *De Loquelâ Surdorum et Mutorum*. Ils sont curieux et très-recherchés. C'est ce qu'on a publié de meilleur et de plus approfondi sur cette matière. Ses successeurs, MM. Péreires, Ernaud, Heinich, Deschamps, et M. l'abbé de l'Epée lui-même, n'ont fait que copier Amman, sans pouvoir y rien ajouter.

Enfin l'Allemagne vit paroître un homme qui ne manquoit point de génie, mais singulier, et plein d'idées bizarres. C'étoit François-Mercure Van-Helmont, frère du célèbre physicien de ce nom. Tout jeune encore, il s'enrôla dans une troupe de Bohémiens, avec lesquels il parcourut presque toutes les villes de l'Europe. De retour dans sa patrie, il s'appliqua à l'instruction des Sourds-Muets, comme à bien d'autres sciences ; car il les effleuroit toutes sans en approfondir aucune.

Persuadé que, pour réussir dans son entreprise, il falloit figurer la parole aux élèves, il essaya de mettre sous leurs yeux le mécanisme de cet organe. Il conçut pour cela un projet également ingénieux et hardi. Il fit graver trente-six têtes, dont les joues découpées mettent à découvert l'intérieur de la bouche, et laissent apercevoir le jeu des organes de la parole, dans l'articulation des sons divers. Les lèvres, les dents, la langue, la glotte et le larynx y sont représentés dans les différentes positions qu'exige la prononciation des syllabes simples, et même de quelques syllabes composées.

Van-Helmont composa un livre assez volumineux, dans lequel il décrit sa méthode et donne l'explication de ses planches. Il fit plus encore ; car il ne se borna pas à mettre ces tableaux sous les yeux du Sourd-Muet : il en fit exécuter les figures en bosse, et crut pouvoir, à l'aide de ces organes artificiels, lui faire comprendre le mécanisme admirable de la parole, et délier ainsi sa langue. C'étoit au moyen de ces têtes simulées que, placé devant un miroir, l'élève s'exerçoit lui-même à articuler des sons, en mettant son organe dans une position semblable à celle des figures qu'il avoit sous les yeux.

Au premier aspect, cette méthode paroît séduisante.

séduisante. Il semble qu'elle devroit faciliter l'enseignement et en hâter les progrès. Mais pour la faire réussir, il eût fallu pouvoir rassembler tout-à-la-fois dans un seul homme, les talens du peintre, du grammairien, du sculpteur et de l'anatomiste ; eh ! où trouver un homme qui soit en même-temps un Phidias, un Platon, un Zeuxis et un Hypocrate?

Cette méthode devoit mourir avec son auteur. Aussi est-elle ensevelie dans un profond oubli. En vain un lexicographe moderne en a de nouveau préconisé les avantages. En vain, pour la faire revivre, a-t-il parlé de Van-Helmont comme d'un savant du premier ordre, qui avoit fait faire un grand pas à la science ; l'idée de Van-Helmont est très-ingénieuse sans doute, mais elle est impraticable. Peut-être ses organes artificiels seroient employés comme un moyen auxiliaire de quelqu'utilité ; mais comment les exécuter avec assez de perfection, pour qu'ils puissent guider le Sourd-Muet dans l'étude de la parole ? Et ne faut-il pas un maître, qui l'avertisse, et lui fasse connoître s'il prononce bien, ou mal ? Si le son de sa voix est celui qu'exige le mot qu'il prononce ?

D'ailleurs, Van-Helmont vouloit en faire l'application à la langue hébraïque, parce qu'il croyoit que, née dans un temps où les hommes n'avoient qu'un petit nombre d'idées à exprimer, et ignoroient le luxe des langues modernes, elle devoit être d'une prononciation plus naturelle, plus simple et plus facile que toutes celles que l'on parle aujourd'hui. Mais la prononciation de cette langue est à jamais perdue; et faire apprendre l'hébreu aux Sourds-Muets, c'étoit les mettre hors d'état de communiquer avec les autres hommes.

Il y avoit déjà plus d'un siècle que l'art de faire parler les Sourds-Muets étoit connu dans presque toute l'Europe. De l'Espagne il s'étoit répandu en Angleterre, en Allemagne, en Hollande, en Italie, et la France, au milieu de ces états, ignoroit encore jusqu'à son nom.

Ce ne fut que vers l'an 1735 qu'un portugais, nommé Antoine Péreirès, vint à Paris en donner les premières leçons. Comme il ne connoissoit point d'autre méthode que celle de Bonnet, il ne soupçonnoit pas que l'on pût instruire les Sourds-Muets par les signes. Il ne songeoit qu'à délier l'organe de la parole.

Le père Vanin, religieux de la Doctrine Chrétienne, est le premier qui ait tenté ce genre d'instruction. Mais la mort l'enleva presqu'aussitôt qu'il eut commencé ses essais.

Cependant c'est à lui que nous sommes redevables de cette importante découverte. Il n'a rien écrit sur sa méthode, et sans doute il n'avoit pas même eu le temps de s'en créer une. Mais ses essais donnèrent, au célèbre abbé de l'Epée, l'occasion de développer le germe fécond de ses talens, qui, sans les tentatives du père Vanin, seroient demeurés à jamais stériles.

Ce bon religieux demeuroit au couvent des Doctrinaires, à Paris, rue des Fossés Saint-Victor. Il donnoit, depuis quelques mois, des leçons à deux jeunes demoiselles qui, chose remarquable, étoient sœurs jumelles et sourdes-muettes. Leur demeure étoit en face de son couvent. C'étoit par le moyen des signes que, sans aucune méthode, il cherchoit à les instruire. Déjà même il avoit obtenu quelques succès, et l'espérance la plus flatteuse encourageoit ses efforts, lorsque vers l'an 1755, la mort vint l'enlever à ses infortunées disciples, et leur ôter l'espoir de voir se rompre, un jour, la barrière qui les séparoit de la société.

Le hasard, ou plutôt cette Providence dont l'œil paternel est toujours ouvert sur nous, conduisit M. l'abbé de l'Epée dans cette maison. La mère des deux jeunes personnes lui peignit sa douleur et la perte que faisoient ses enfans, avec toute l'énergie, tout le pathétique d'une mère tendre et profondément affligée. L'air spirituel et intéressant de ces deux jeunes sourdes-muettes, et plus encore le malheur auquel il les voyoit condamnées, firent une vive impression sur son cœur bon et sensible. Il rentre chez lui, réfléchit sur la scène qui vient de l'attendrir, et, ne pouvant résister au désir de porter la consolation dans cette famille désolée, il va trouver la mère, et lui offre de continuer l'instruction commencée par le père Vanin. On l'accueille avec transport, et bientôt il voit ses efforts couronnés par les plus heureux, comme les plus brillans succès.

Il supplée à la parole par des signes, crée un nouveau langage, qui a ses règles, sa grammaire, son dictionnaire. En un mot, il ouvre l'intelligence de ses élèves, et les met en communication avec la société, dont elles se croyoient rejetées pour toujours.

Les papiers publics annoncent partout sa nouvelle méthode; sa renommée vole de bouche en bouche, et de toutes parts on lui amène de nouveaux élèves. Les Sourds-Muets apprennent à penser avec ordre et à combiner leurs idées. Au moyen de signes indicateurs, assujettis à des règles grammaticales, l'instituteur fait passer, dans leur esprit, des idées nouvelles, dans leur cœur, de nouveaux sentimens, et leur transmet les idées même les plus métaphysiques.

Mais au bruit des premières leçons de M. l'abbé de l'Epée, l'envie s'agite de tous côtés : des ennemis élèvent la voix, sa méthode est vivement combattue, et la censure la plus amère s'attache à ce bienfaiteur du genre humain.

M. Péreirès, ce portugais qui, depuis quelques années, essayoit à Paris de donner la parole aux Sourds-Muets, dit hautement que la méthode des signes ne pouvoit être utile aux élèves : qu'elle retarderoit au moins, si elle ne paralysoit pas tout-à-fait leurs progrès. Il ne connaissoit point d'autre manière d'enseigner, que des former successivement avec les doigts, toutes les lettrés nécessaires pour exprimer chaque mot : c'est ce qu'il appeloit la dactylologie (1).

Ce ne fut qu'après une lutte assez longue, et vivement soutenue de part et d'autre, que M. Péreirès, cédant enfin aux pressantes sollicitations de M. de l'Epée, alla se convaincre

---

(1) Il produisoit, pour preuve de la bonté de sa méthode, un de ses élèves qui parloit assez bien ; c'étoit M. Saboureau de Fontenay.

par lui-même. Il interrogea les élèves du nouvel instituteur, et vit avec une surprise qu'il ne put dissimuler, leurs réponses également justes et précises...... Mais bientôt un phénomène plus étonnant vint frapper ses regards. Le maître lui demande s'il n'a pas sur lui une lettre quelconque. Il en présente une écrite sur des matières abstraites. M. l'abbé de l'Epée place cinq de ses élèves de manière que l'un ne pouvoit voir ce que l'autre écrivoit (1). Et, sous la dictée d'un seul et même signe, ils l'écrivent tous cinq en langues différentes. Ces langues étoient le françois, l'espagnol, le latin, l'anglois et l'italien. Alors M. Péreirès s'écria : Jamais je n'aurais pu croire un tel prodige, si je ne l'eusse vu de mes yeux!

M. Ernaud, dont je n'ai pu découvrir la patrie, vint bientôt après grossir le nombre des ennemis de M. de l'Epée ; il fit, dit-on, imprimer sa méthode, et ne ménagea pas son adversaire. Il aimoit à paroître dans les sociétés, accompagné de M. le chevalier d'Arcy, l'un de ses élèves.

Malgré la défaite de ces deux premiers défenseurs du système de la parole, il s'en élève un troisième. M. l'abbé Deschamps, chapelain de l'église d'Orléans, publia en 1780,

---

(1) L'empereur Joseph II fut témoin d'un fait semblable.

un ouvrage où il vouloit prouver que la méthode de la parole étoit la seule qui pût atteindre le but que l'on doit se proposer dans l'instruction des Sourds-Muets, c'est-à-dire le seule qui pût les mettre en communication avec les autres hommes.

Cependant l'Allemagne opposa encore à M. l'abbé de l'Epée un ennemi plus opiniâtre. M. Heinick enseignoit aux Sourds-Muets à parler. Mais sa méthode n'étoit connue que de lui seul et de son fils. C'est lui-même qui nous l'apprend. *Hanc quam inveni Surdo-Mutos erudiendi methodum, nemo novit præter me et filium meum.*

Nous savons seulement que c'étoit par l'organe de la parole qu'il instruisoit ses élèves, et il nous assure que l'organe du goût suppléoit quelquefois à celui de l'ouïe. *Mea methodus*, nous dit-il encore, *Linguâ articulatâ et sonante, et hæc deinceps gustu, qui absentis auditûs vices sustinet, nititur.*

Cet instituteur, qui donnoit ses leçons dans la ville de Leipsick, attaqua vivement M. l'abbé Storck, et publia divers écrits contre la méthode des signes. Elève de M. de l'Epée, auprès duquel l'empereur Joseph II l'avoit envoyé, pour apprendre l'art d'instruire les Sourds-Muets, M. Storck avoit établi à Vienne une école nombreuse , et suivoit la méthode de son maître. Il dédaigna de répondre à M. Heinick, et ne voulut justifier, que par les faits, sa manière d'enseigner. Mais M. l'abbé de l'Epée, qui se croyoit offensé par les inculpations dirigées contre son disciple, prit la cause en main ; et, après divers écrits de part et d'autre , il proposa à M. Heinick de s'en rapporter au jugement d'une société savante. Il ne voulut pas même la choisir parmi celles qui florissoient alors en France. L'académie de Zurich fut priée de prononcer entre les deux méthodes. Son jugement, daté du 25 janvier 1783, est aussi glorieux pour l'instituteur de Paris, qu'il est humiliant pour celui de Leipsick.

Un académicien de Berlin , M. de Nicolaï, s'éleva aussi avec amertume contre le système des signes. Il fit publier sa critique, et la voix des journaux, qui retentit dans toute l'Europe, fit connoître au monde littéraire une dispute qui, par l'aigreur du style et la dureté des reproches, ne fut pas honorable à M. de Nicolaï.

Ces combats singuliers , ces attaques partielles, troubloient peu le repos de M. l'abbé de l'Epée. Mais des adversaires plus redoutables parurent sur la scène. Une foule de
philosophes ,

philosophes, d'académiciens, de théologiens même de tous les pays, prétendirent que les idées métaphysiques ne pouvoient être assujéties à des signes ; que jamais, par ce moyen, l'on ne transmettroit aux Sourds-Muets d'autres idées que celles des objets corporels, et des actions purement physiques ; que ces infortunés ne sortiroient point de leurs ténèbres ; qu'ils ne seroient jamais capables d'entrer avec nous en communications intimes ; que les vérités intellectuelles, et surtout celles de la religion, leur seroient toujours étrangères ; qu'ils ne connoîtroient jamais Dieu, ni leur âme, ni leur origine, ni leurs rapports avec les autres êtres, ni leur destinée éternelle.

Le préjugé est toujours opiniâtre ; il repousse la lumière, lors même qu'elle paroît dans tout son éclat. Il fallut au nouvel instituteur une longue suite de séances publiques et particulières, pour détromper tant de personnes, et porter la conviction dans des esprits si fortement prévenus.

Cependant, des spectateurs de toutes les classes accourent aux séances de M. l'abbé de l'Epée. Le bruit s'en répand au loin. Des savans de tous les pays, un grand nombre de princes, et presque tous les souverains de l'Europe viennent eux-mêmes écouter ses étonnantes leçons. Ils interrogent ses élèves, conversent avec eux, au moyen de l'écriture, et laissent enfin éclater une admiration dont ils ne sont plus les maîtres.

Alors le préjugé tombe : l'abbé de l'Epée voit ses ennemis abattus, et la renommée publie sa gloire et ses triomphes. Les autres instituteurs gardent le silence, leurs écoles sont abandonnées, et leurs méthodes sont bientôt ensevelies dans l'oubli.

Qui maintenant, en effet, se souviendroit d'un Péreirès, d'un Ernaud, d'un Deschamps, s'il n'eût jeté les yeux sur l'Histoire des persécutions qu'ils suscitèrent à M. l'abbé de l'Epée ?

Mais les Souverains s'empressent de demander à l'immortel instituteur des maîtres qui puissent établir de semblables écoles dans leurs états, et y propager sa méthode. Ils lui envoient des hommes d'un mérite distingué pour recevoir ses leçons. Ainsi MM. Sylvestre, Dangulo, Ulrich, Storck et Délo, viennent s'instruire auprès de lui, et deviennent sous sa main, des maîtres qui vont ouvrir de nouveaux enseignemens à Rome, à Madrid, à Zurich, à Vienne, à Amsterdam.

Cet homme bienfaisant, forme surtout des

maîtres pour son pays. MM. Huby et Sicard reçoivent ses leçons, et vont rassembler les Sourds-Muets dans diverses villes de la France, et en faire des hommes ; le premier se fixe à Rouen, lieu de sa naissance, et y en appelle quelques-uns autour de lui. Mais son école n'est composée que de quatre élèves, et comme il ne forme point de maîtres, elle s'éteindra nécessairement avec lui.

Pour M. Sicard, il retourne à Bordeaux. M. Champion de Cicé qui en étoit archevêque, l'avoit envoyé auprès de M. l'abbé de l'Epée, pour apprendre de lui la nouvelle manière d'instruire les Sourds-Muets. Ce prélat qui, le premier en France, avoit conçu le projet de donner un successeur à cet homme célèbre, avoit choisi M. l'abbé Sicard, pour le mettre à la tête de l'école qu'il venoit de fonder à Bordeaux, et ce fut au mois de juin 1786, que le nouvel instituteur y donna ses premières leçons. Cet établissement est florissant, et les élèves y sont nombreux.

Mlle. Blouin, à qui M. de l'Epée avoit aussi communiqué sa méthode, vint à Angers, où elle se consacre encore aujourd'hui, à l'instruction des Sourds-Muets.

Depuis quelques années les écoles se multiplient. La France en compte au moins neuf: (A) Paris, Bordeaux, Rhodez, Angers, Saint-Etienne, Aurai, Rouen, Arras et notre ville en ont de plus ou moins nombreuses ; et quelques-unes semblent être assez solidement établies, pour donner l'espoir d'une longue durée. Celle de Rhodez peut en quelque sorte, être comparée à celles de Paris et de Bordeaux. Dirigée par M. l'abbé Perrier, dont le zèle infatigable ne redoute aucune peine et ne connoît point d'obstacle insurmontable, quand il s'agit d'être utile aux Sourds-Muets, cette école à plusieurs maîtres, et pourra se perpétuer. Pour celles de Saint-Etienne, d'Aurai et d'Arras, je ne puis dire si elles offrent le même espoir. La première a pour chef, un Sourd-Muet de naissance, sorti de l'école de Bordeaux. La seconde, formée par Mll^e. (B) Duler, fut confiée aux filles de la Sagesse, avant qu'elle partît pour Arras, où elle cherche depuis trois ans à poser les fondemens d'une nouvelle école. Sept à huit élèves reçoivent maintenant ses leçons.

Dans les autres états de l'Europe, nous voyons des maîtres, non seulement à Rome, à Madrid, à Zurich, à Vienne et à Amsterdam, où l'on suit la méthode des signes ; mais il y a aussi à Londres et à Saint-Pétersbourg, deux prêtres françois, elèves de M. l'abbé Sicard, qui donnent des leçons d'après ses principes; aux Etats-Unis, le Clerc, Sourd-Muet de la même école, est à la tête de l'établissement le plus considérable qui ait jamais été formé (1).

Tous ces maîtres suivent la nouvelle méthode; c'est au moyen des signes qu'ils instruisent leurs élèves; mais quelques instituteurs conservent encore l'ancienne manière. Vienne, Prague, Kell, Leipsick et Berlin, ont aussi des écoles, à la vérité peu nombreuses, où les Sourds-Muets apprennent à parler. Une chose surtout m'a paru surprenante, et si elle est vraie, elle tient du prodige. A Berlin, c'est un Sourd-Muet de naissance, M. Habermass, qui, sous les yeux du maître, dirige les élèves dans l'étude de la parole, et leur fait distinguer les diverses inflexions de la voix dans l'articulation des sons.

Telle est l'origine de l'art d'instruire les

---

(1) M. l'abbé Sicard lut, il y a plus d'un an, dans une séance publique de ses élèves, une lettre de M. le Clerc. Ce jeune instituteur, m'a-t-on assuré, disoit à M. Sicard, que près de six cents Sourds-Muets recevoient ses leçons, et qu'une somme de cent cinquante mille francs lui étoit accordée pour soutenir son école.

Sourds-Muets. Sa naissance a été tardive, et ses progrès sont récents. Ce n'est pour ainsi dire que de nos jours, qu'on semble y apporter quelqu'intérêt.

Vous apercevez, MM., que l'on suit aujourd'hui trois méthodes différentes dans les divers établissemens connus.

L'une fait parler les Sourds-Muets ; mais elle a deux grands inconvéniens. Le premier c'est qu'ils ne peuvent prononcer que très-imparfaitement et d'un son de voix désagréable. Le deuxième c'est que cette méthode exige beaucoup de temps et de travail. On ne peut montrer à plus d'un Sourd-Muet à la fois. En cela tout est personnel. Un maître ne pourroit se charger que d'un très-petit nombre d'élèves. D'ailleurs, une grande partie des Sourds-Muets ne parviennent à prononcer que quelques-uns des sons de notre langue.

La seconde méthode, qui est celle de M. l'abbé de l'Epée, consiste à faire écrire les élèves sous la dictée des signes. Celle-ci est beaucoup plus facile que la première. Un grand nombre de Sourds-Muets peuvent à la fois recevoir des leçons d'un seul maître. Mais cette méthode est imparfaite. Comme elle consiste dans un pur mécanisme, elle ne donne point, aux Sourds-Muets, une connoissance analytique et approfondie de la langue qu'on leur enseigne; elle ne leur apprend point assez à mettre au jour leurs pensées, et à s'exprimer seuls. Ils ne sont presque rien 'autre chose que des copistes.

La troisième est bien préférable. M. Sicard s'applique à interroger son élève, et tâche de le mettre dans la nécessité de chercher des termes pour lui répondre. Il fait devant lui des actions, et l'oblige à lui en rendre compte par écrit. Il analyse des phrases, et lui montre la syntaxe particulière de chaque mot. Ainsi l'élève apprend par principes, une langue que, dans notre enfance, nous avons apprise d'une manière purement mécanique. Le maître s'attache à développer le sens des mots, par des pantomimes souvent très-expressives. En suivant cette méthode, le Sourd-Muet marche à pas lents, mais sûrs. Il apprend avec ordre, et les connoissances qu'il acquiert se classent facilement dans son esprit.

Cependant cette manière d'enseigner n'est point encore arrivée à sa perfection. Il lui manque quelque chose; c'est que le Sourd-Muet puisse parler la langue qu'il étudie.

L'élève de M. Sicard a bien une langue

écrite ; mais ce n'est point une langue manuelle : il ne peut la parler que la plume ou le crayon à la main. Tandis qu'il reçoit la leçon, il peut converser avec son maître : l'écriture est un moyen de communication facile entr'eux ; mais hors delà, le maître ne peut plus l'entretenir, sinon d'une manière vague et pénible : il manque d'un véhicule expéditif et sûr pour lui transmettre ses pensées. Souvent même il ne peut réussir à se faire comprendre.

J'ai adopté une autre méthode. Celle que l'on suit pour l'instruction de mes élèves, n'est point celle de M. l'abbé de l'Epée. Elle n'est point non plus celle de M. Sicard. Je n'ai reçu de leçons ni de l'un ni de l'autre, et lorsque je commençai à instruire une Sourde-Muette, leurs systèmes différens m'étoient tout-à-fait inconnus. Cependant ce qu'ils ont écrit ne m'a point été inutile.

Je ne me borne point, comme M. l'abbé de l'Epée, à faire écrire mes élèves sous la dictée des signes.

Je ne m'astreint point comme M. Sicard, à rendre *toujours* les mots de notre langue, par de longues pantomimes. Je n'emploie les scènes mimiques, que lorsqu'il s'agit de faire concevoir au Sourd-Muet, le vrai sens, ou

les

les diverses acceptions d'un mot. Mais une fois qu'il est compris, nous n'avons plus besoin du secours de la pantomime. Un signe unique, simple et concis la remplace. Dans les entretiens que mes élèves ont entre eux, ou avec leur maître, ce signe tient lieu du son de la voix. C'est une parole manuelle, presque aussi simple que la parole orale. (1)

Quelques-uns d'entre vous, MM., ont déjà été témoins de ces entretiens de mes élèves. Vous les avez vus se faire mutuellement des questions, et se répondre. Ils mettent, dans

---

(1) Je me suis fait une loi de n'admettre que des signes très-simples, et de n'en employer jamais qu'un seul; même pour ceux des mots de notre langue, qui auraient le plus d'acceptions différentes. Cette marche m'a semblé d'autant plus naturelle, que, dans la langue françoise, le mot qui offre le plus grand nombre d'acceptions, conserve toujours et la même orthographe sous la plume, et le même son de voix dans la prononciation. Mais j'ai pris à tâche de ne donner à chaque mot, qu'un signe; dont l'exécution soit facile, et n'exige qu'un mouvement simple de la main ou du corps ; lorsqu'il m'a fallu y faire entrer plusieurs mouvemens divers, j'ai fait en sorte que l'exécution en fût simultanée.

Je n'en citerai qu'un seul exemple; et presque tous nos signes sont aussi simples que celui-ci. Voici comme nous rendons le verbe *Croître* :

A mesure que la main, renversée et rapprochée de la terre, s'élève, les doigts ; réunis par le bout, s'ouvrent et s'épanouissent.

ce langage, la même précision et presque la même promptitude que les autres enfans.

Les pantomimes sont pour le Sourd-Muet de mon école, ce qu'est pour nous un dictionnaire. Elles servent à lui donner la définition du mot, ou du moins une explication capable de lui en faire saisir le vrai sens. Sous ce rapport, elles sont d'une nécessité indispensable. Mais ces longues et pénibles scènes s'abrègent bientôt, et se réduisent à une expression simple et unique ; comme dans un dictionnaire françois, chaque mot n'est que l'abrégé des explications nombreuses qui en donnent l'intelligence.

Quoiqu'il en soit, le temps et l'expérience feront voir laquelle de ces méthodes devra être préférée. Mais je n'ai pas l'orgueil de prétendre que la mienne doive l'emporter sur les autres.

Voilà, MM., une esquisse rapide de ce que j'ai trouvé de plus authentique sur l'instruction des Sourds-Muets. J'ai vu avec plaisir que les établissemens se multiplient. Une noble émulation appelle à cette entreprise pénible, un grand nombre de maîtres. Mais qu'il reste encore à faire ! et que nous sommes loin du but que nous devons désirer ! Ah ! il s'en faut bien que tous les infortunés Sourds-Muets reçoivent le bienfait de l'instruction !

Des recherches faites avec beaucoup de soin, me portent à croire qu'il existe en France plus de douze mille Sourds-Muets ; et toutes les écoles réunies né comptent pas six cents élèves. C'est que la classe indigente, étant la plus nombreuse, renferme un nombre considérable de Sourds-Muets, et nos établissemens n'ayant que des ressources très-bornées, ne peuvent les admettre tous. C'est encore parce que bien des pères et mères, à qui la providence a dispensé de la fortune, sont indifférens sur le sort de leurs malheureux enfans. Ils les regardent comme de vils animaux, dont ils rougissent, et ne soupçonnent pas même qu'ils soient des êtres raisonnables, auxquels il ne manque que l'instruction pour développer leurs facultés, et pour en faire des hommes semblables à nous. Le dirais-je ? C'est même souvent l'intérêt qui porte leurs barbares parens à les retenir auprès d'eux, pour ne pas perdre le salaire de leur travail.

Faisons des vœux pour que le gouvernement vienne au secours de ces infortunés, et qu'il fonde des établissemens proportionnés à leur nombre et à leurs besoins !

Déjà le magistrat qui est à la tête de ce

département, et dont nous bénissons chaque jour l'Administration, a sollicité, pour quelques Sourds-Muets indigens, des secours que le Conseil général s'est empressé de lui accorder.

Déjà le département du Pas-de-Calais a suivi l'exemple de celui du Calvados, en assignant à l'école d'Arras, une somme annuelle de six mille francs, pour douze Sourds-Muets. Ceux de la Manche, du Morbihan et de la Loire, ont aussi donné des preuves de la même sollicitude.

Puissent ces exemples se multiplier, et rendre enfin à la société cette multitude d'hommes malheureux, qui, sans l'instruction, en seroient à jamais séparés !

―――――

(A) Depuis 1820, il s'est formé une école à Nogent-le-Rotrou, et une à Besançon.

(B) Mlle. Duler a maintenant une trentaine d'élèves.

www.ingramcontent.com/pod-product-compliance
Lightning Source LLC
Chambersburg PA
CBHW060921050426
42453CB00010B/1857